どんな野菜もすぐにおいしく

わが家の漬物革命

大島貞雄 著

台所でできる特許製法
「加温塩水漬」のすすめ

農文協

CONTENTS

はじめに

——加温塩水漬で、浅漬から古漬まで簡単シャキシャキに

この本は、短時間でシャキシャキした浅漬、古漬ができる新しい方法「加温塩水漬」を紹介しています。

これまで浅漬の場合は５％の塩で重石をし、２～７日間漬けていました。ところが加温塩水漬は、50～60℃に加温した塩水中に野菜を10分間浸けるだけでシャキシャキした塩漬になり、これを調味すれば浅漬ができます。しかもこの加温塩水漬なら、従来の製法では塩漬にできなかったレタスやサラダホウレンソウも、シャキシャキした歯切れのある浅漬にすることができます。さらに、この方法には塩素（１００ｐｐｍ）と同等の殺菌効果があり、回虫卵も死滅させることができて安心です。

旬にたくさん採れる野菜を下漬して保存し、塩抜きをして本漬にする従来の古漬の場合は、出来上がりまでに１～６か月ほどの期間が必要でした。ところが加温塩水漬なら、50～60℃に加温した塩水中に15～45分間浸けるだけで歯切れがよくなり、さらに70～80℃で加熱することでエグ味が取れ、β-アミラーゼなどの酵素作用を受けて味がまろやかになり、おいしい古漬になります。

熱に強いニンジン、ニンニク、ゴボウ、エリンギなどは、沸騰しても軟化しません。いきなり沸騰調味するだけで古漬ができますから、加温塩水漬にぴったりの素材といえます。しかも、熱殺菌もされますから3か月間保存できる漬物になります。

このように加温塩水漬は浅漬の塩漬なら10分ででき、古漬であればタマネギ、ハヤトウリ、エリンギといった新しい素材を取り入れることもできます。

この加温塩水漬は従来の漬物の製造方法よりメリットが多いので、数十年後には、発酵漬物を除く多くの漬物がこの方法で製造される日がくると期待しています。

また、本書で紹介する調味液は、健康志向に応えて食品添加物を使用せず、伝統的な調味料だけを使っています。

なお、この加温塩水漬には2つの特許があります。1回の加温で製造する「浅漬の製造方法」（出願番号　特願平７―１２４３４０）と、加温してから加熱して製造する古漬（特許番号　特許第３６５８６８４号）です。両者ともに平成24年に開放しました。ただし、加温してから加熱するタマネギ、ネギ等の製法特許については、(有)武蔵野技研にあることを申し添えます。(特許は平成32年8月11日まで有効ですから、販売する場合には、特許料の支払い義務があります。)

平成25年11月

大島貞雄

第1章 加温塩水漬とは何か

はじめて聞く「加温塩水漬」。野菜がシャキシャキになるその秘密と、作り方の特徴を紹介します。

50〜60℃の加温による加温塩水漬

お湯に浸けて漬物になる?

「加温塩水漬」とは読んで字のごとく、野菜を「加温した塩水に浸けて漬物にする」方法。お湯に浸けたら漬物ではなく煮物になるのではないかと思われる向きもあろうが、そうではない。煮物にならずに漬物ができる、しかもシャキシャキの歯切れのいいおいしい漬物になるのである。煮物にならないその秘密は、温度にある。

お湯というとちんちんに沸いた熱湯を想像しがちだが、加温塩水漬のお湯は50〜60℃。水を入れた鍋を火にかけてみればわかることだが、この50〜60℃という温度帯は、ほとんど見過ごしてしまう温度帯である。私たちが入浴する際の温度は、熱いお湯が好きな人で43℃くらい、ぬるい湯で40℃である。50〜60℃は、素手では熱いが、調理用の手袋を使えば耐えられるくらいの熱さだ。鍋を火にかけて鍋の表面に泡が付き始めるのが80℃以上だから、50〜60℃は「お湯が沸く」という目でみると、ほとんどまだ何も起こっていないと思う程度の温度帯といってよい。

シャキシャキ歯切れのもと=ペクチン酸カルシウム、ペクチン酸マグネシウム

シャキシャキした漬物ができるのは、ペクチンが変化するからだ。ペクチンというのは、ジャムの粘りのもと

になっている物質で、野菜の細胞壁や中葉（細胞間層ともいわれるところで、細胞と細胞を接着させている部分）に含まれている。複合多糖類とか増粘多糖類などといわれる分子量の大きい物質だ。

このペクチンが塩水や野菜の中にあるカルシウムやマグネシウムと結合して、ペクチン酸カルシウムやペクチン酸マグネシウムという物質に変わると、シャキシャキした食感が得られる。シャキシャキの食感はひとえにこのペクチン酸カルシウム、ペクチン酸マグネシウムのおかげなのである。

加温塩水漬での加温と加熱―用語上の使い分けについて

本書で使う言葉を以下のように決めておくことにしたい。

加温（浅漬）……50～60℃まで高め、これを維持する場合。

加熱（古漬）……70℃～煮沸（100℃）の温度帯まで熱をかけていく場合。塩水だけでなく調味液を沸騰寸前まで加熱する場合も含む。

なお、本書で扱う「加温塩水漬」の「加温」には加温・加熱の双方が含まれる。

50～60℃の温度で ペクチンエステラーゼが活性化

ペクチンそのものは安定した物質（ガラクツロン酸がα－1、4－結合したもの）で（円谷、2000およびKEGG）、そのままではカルシウムやマグネシウムと結合することはない。カルシウムやマグネシウムと結合するには、まずペクチンがペクチン酸（ポリガラクツロン酸）に変わる必要がある。ペクチンをペクチン酸に変えるのは、ペクチンエステラーゼという酵素である。

ではこのペクチンエステラーゼという酵素の眠りを起こし、活性化してもらうにはどうすればよいか。熱を与えることである。ペクチンエステラーゼは50～60℃の温度のもとで極めて活発に活動し、ペクチンをペクチン酸に変えていく。ペクチンエステラーゼが活発になる温度が50～60℃の温度帯なのである。

水中や野菜の中に存在するカルシウムやマグネシウムは、ペクチン酸などの酸と結合することで安定した物質になる（真部、1980）。ペクチン酸が生み出されれば、カルシウムやマグネシウムはしきりにペクチン酸と結びついてペクチン酸カルシウム、ペクチン酸マグネシウムに

図1　シャキシャキした漬物ができるわけ

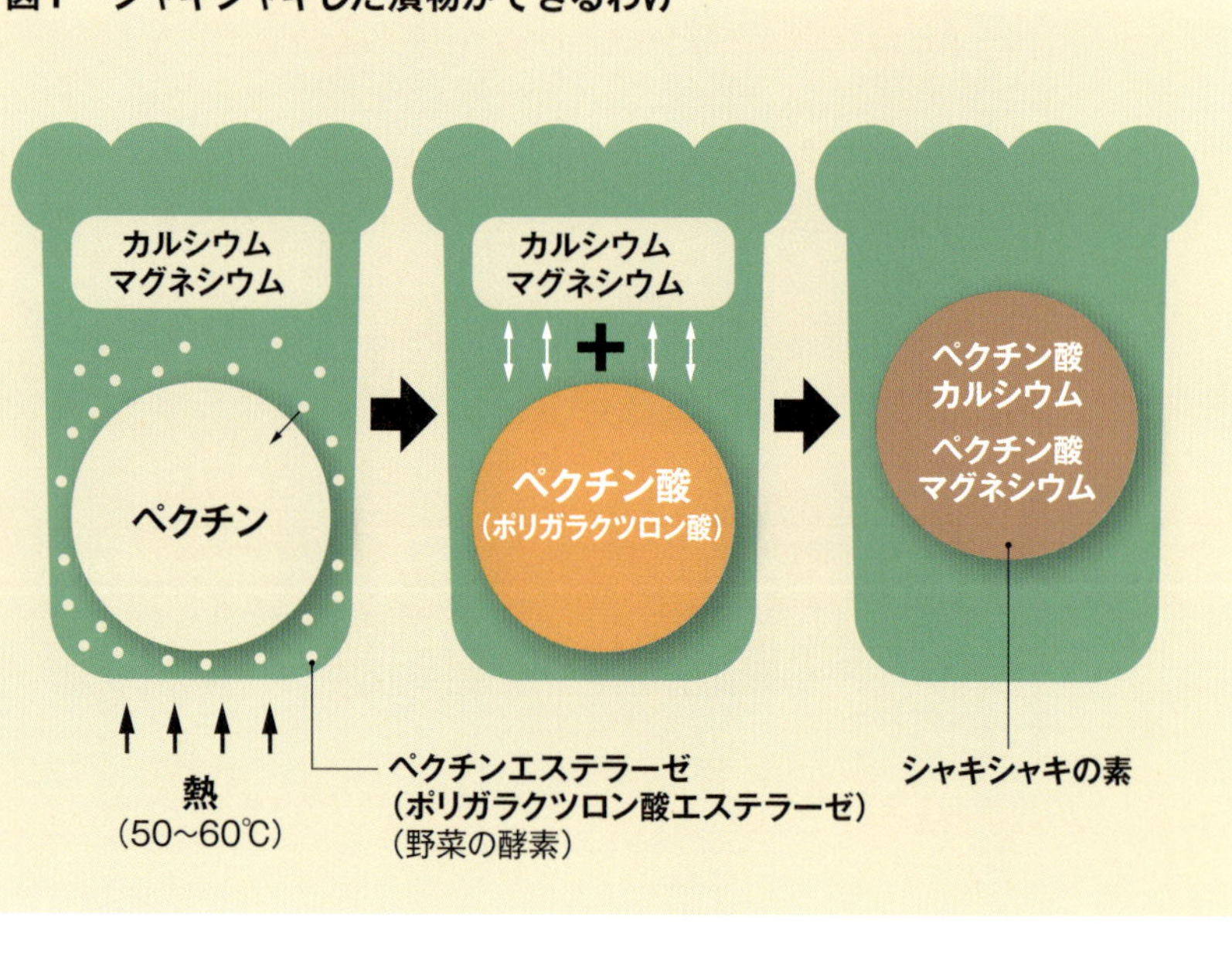

変わっていくわけだ。

活性化した酵素が、1～6か月の塩漬期間を大幅短縮、10～45分で漬物に

塩に漬け込む通常の漬物でも、シャキシャキした歯切れの漬物になるのは、ペクチン酸カルシウムやペクチン酸マグネシウムができるから。だが、それには時間がかかるのである。ふつう古漬では、塩による下漬を短いもので1か月、長いものになると6か月くらいかけて行なう。この下漬の間に、時間をかけてゆっくりとペクチン酸カルシウム、ペクチン酸マグネシウムが生成される。

野菜を50～60℃に加温する加温塩水漬は、このペクチン酸カルシウム、ペクチン酸マグネシウムが生成される時間を、わずか10～45分に短縮したことになる。

加温によるメリット❶
甘味が増し、まろやかになる

野菜にはショ糖が含まれている。ショ糖が分解されて果糖とブドウ糖に変わることで、人間に感じられる甘味は強くなる。じつは50～60℃に加温すると、先のペクチンエステラーゼのほかに、インベルターゼなどの酵素も活発になる。

このインベルターゼという酵素は、ショ糖を果糖とブドウ糖に分解する働きがある。インベルターゼの活性化により、野菜の甘味が増し苦味や嫌味は相対的に弱まり、味がまろやかになってくるのだ。

加温によるメリット❷
アクが抜けスッキリとした味になる

50～60℃に加温することで活性化するのは、ペクチンエステラーゼだけではない。ミロシナーゼ（川岸、１９８５）やフエノールオキシダーゼ（中林、１９６７）などの酵素も、同様に活性化する。

これら酵素の活性化により、野菜に含まれる成分のなかでも辛味成分グリコシノレートやタンニンなどが分解されて、低分子化することで水に溶けやすくなり、野菜中の成分から抜けていく。つまりミロシナーゼなどの活性化により、アクが抜けてより食べやすくなるわけである。

加温によるメリット❸
雑菌を減らせる

最近では50℃湯洗いなども注目されているようだが、

加温塩水漬が50℃湯洗いと大きく異なる点は、塩を使っていることである。塩を使うことによって、枯草菌や大腸菌などの細菌群にもショックを与え、細菌がかなりの割合で死滅するという効果があり、この塩と加温によって、塩素を使うのとほぼ同様の効果が生まれる（大島ら、平成6年度）。

ミネラル分の多い塩を使うべきか？

加温塩水漬に関係するのは、塩、水、野菜である。このうち歯切れをつくるカルシウムやマグネシウムがどこからきているかを調べるため、次のような試験をした。なお、水は軟水を使っている。

カルシウム、マグネシウムを含まない塩（塩化ナトリウム、試薬特級）と、含む塩（「瀬戸のほんじお」、カルシウム１６０mg％、マグネシウム３００mg％含有）でそれぞれ塩水をつくり、キュウリを加温塩水漬して歯切れを比較した。その結果、どちらも良好な歯切れがあり、差はなかった。

カルシウムやマグネシウムを含まない塩を使っても歯切れに差がなかったのだから、ペクチン酸と結合してシャキシャキ食感のもとをつくるカルシウムやマグネシウムは、野菜や水から補給されていることになる。

以上のことから、加温塩水漬に用いる塩は、ミネラル分の多いものを用いる必要はなく、特に塩にこだわる必要はないということができる。

加温塩水漬と特許

この本でとりあげる加温塩水漬には、２つの特許がある。１回の加温で製造する「浅漬の製造方法」（出願番号　特願平７—１２４３４０）と加温してから加熱して製造する古漬（特許番号　特許第３６５８６８４号）である。両者ともに平成24年に一般に開放した。

ただし加温してから加熱するタマネギ、ネギ等の製法特許については、(有)武蔵野技研にあるので注意していただきたい（特許は平成32年8月11日まで有効）。加温塩水漬に近い特許としては、蒸気による方法がある（特開平６—１６９６９０）が、塩を使用していないため、仕上がりは漬物でなく惣菜に近いものとなる。

70℃以上の加熱による加温塩水漬

漬かる原理からみた加熱の意味

野菜を加熱することの意味を、漬物が漬かる原理と合わせて考えてみたい。

漬物が漬かるというのは、そもそもどういうことだろう。漬物に塩は不可欠である。野菜と一緒に塩を使うことで、野菜をとりまいた塩の浸透圧で野菜細胞の原形質分離が起こり、次いで野菜の細胞死（住江、1963）が起こる。細胞死が起こると、野菜から水分が抜ける一方、周囲の塩や味噌などの調味液がこれにかわって野菜のなかに浸透していき、漬物ができあがる。これが漬物の原理である。細胞死の割合で漬かる程度が決まり、浅漬、古漬などになる。

塩による野菜の細胞死と同じ現象は、加熱によっても起こる。70℃以上の温度をかけて加熱すれば野菜は細胞死を起こし、調味液は浸透しやすくなり、塩の場合と同じように漬物ができるというわけである。

ゴボウの断面。80℃処理すると細胞が壊れて調味液がしみ込みやすくなる。1週間するとかなりしみ込む。右が生の状態、中が80℃処理した直後、左は調味液に漬けて1週間の状態

加熱のメリット❶
甘味、丸味が増す

サツマイモは、煮ることにより甘くなる。これはベー

ターアミラーゼの活性化によることが知られている。これと同じことが加温塩水漬でも起こっており、甘味が増すことで、苦味や嫌味は相対的に弱まり、味は丸味が増してくる。

加熱のメリット❷
苦味やアクが抜けスッキリした味に

野菜のもつ苦味やエグミは、加熱により低分子化して分解する。加熱すれば、苦味やアクのないすっきりとした味わいの漬物になる。

加熱のメリット❸
雑菌を減らせる

煮沸状態で、ほとんどの菌は死滅する。

加温塩水漬の3つの方法
——加温・加熱の仕方

すべての野菜に加温塩水漬が可能

加温塩水漬はすべての野菜を漬物にすることができると考えられる。とくに緑色の鮮やかさを残したい野菜の場合は、1回加温の方法が有効だ。また、辛味、苦味などがあり、食べにくい野菜の場合は、加温してから加熱する方法で、辛味・苦味を抑えることができる。

そもそも加温加熱しなくても、生のまま調味液に浸けるだけで十分なものもある。コリンキーやチョロギ、セロリなどはこれにあたる。また、野菜ではないがマコモやパパイヤ、サボテンなども加温塩水漬にすれば、おいしくなるかもしれない。山菜を対象にしてもおもしろいだろう。まだ試験したわけではないが、新しい食感の山菜が楽しめそうだ。

20分ほど50～60℃で加温することで、歯切れが増すとともに、80℃以上の熱にも耐えられるようになる。これは保存という面からみても有利で、沸騰・加熱殺菌ができるようになるため、3か月の保存が可能になった。

野菜に応じて加温の回数と温度が変わる加温塩水漬

加温塩水漬は、1回の加温で調味液に漬け込む野菜（浅漬）と、1回目の加温の後、続けて2回目の加熱をする野菜（古漬）、80℃以上で1回加熱するだけの野菜（古漬）という具合に、野菜に応じて加温の回数と温度が違う。この本で取り上げる野菜をこの分け方にしたがって列挙すれば、次のようになる。

◆1回加温のみですむ野菜

コマツナ、ハクサイ、レタス、キュウリ、オクラ、トウガン、ダイコン、カブなどがある。

とりわけ加工所などでは「刻みハクサイ」の下漬にこの加温塩水漬を導入すると、衛生面や品質面から有利である。

◆加温してから加熱する野菜

50～60℃の塩水でシャキシャキの歯切れにしたあと、よけいな辛味、苦味を取り、甘みを引き出すために引き続き70℃～煮沸の温水に漬けるほうがよいもので、これにはタマネギ、ネギ、ゴーヤー（ニガウリ）、ハヤトウリがある。

タマネギやネギは、この加温塩水漬の製法によって、はじめてシャキシャキの食感をもつ漬物にすることができたのではないか。

ハヤトウリは漬物以外の食べ方があまり知られていないこともあり、消費が伸び悩んで年々作付けが減っている。ハヤトウリは加温塩水漬にするとたいへんおいしい。新たな需要開拓のためにも、この加温塩水漬によるハヤトウリの食べ方をぜひ普及させたい。

◆80℃以上の加熱だけですむ野菜

ニンニク、ウド、ニンジン、ゴボウ、きのこのエリンギがある。

参考・引用文献
・円谷陽一：２０００年度日本応用糖質学会東日本支部ミニシンポジウム要旨集
・ＫＥＧＧ：京都遺伝子ゲノム百科事典．バイオインフォマティクス研究用のデータベース
・真鍋孝明：日本食品工業学会誌　27巻　Ｐ２３４・１９８０
・川岸舜朗：日本食品工業学会誌　32巻　Ｐ８３６・１９８５
・中林敏郎ら：『食品の変色とその化学』　１９６７・光琳書院
・大島貞雄ら：埼玉県食品工業試験場業務報告　Ｐ55・平成６年度
・住江金之：『綜合飲食品製造法』　１９６３・冨山房

第2章

加温塩水漬で漬物をつくってみよう

野菜別に加温塩水漬で簡単に漬物を作る方法を紹介します。

加温塩水漬の手順

ゴーヤー（ニガウリ）を例に、加温塩水漬の基本的なつくり方を紹介しよう。

ゴーヤー（ニガウリ）

●特徴

苦いのがうまい。いまやゴーヤー（ニガウリ）は夏の人気野菜のひとつ。猛暑のなか室温を下げる効果があるという「グリーンカーテン」でも主要作物として注目されている。そのゴーヤーを使った、簡単にできてシャキシャキおいしい醤油漬である。

ビタミンCが豊富なゴーヤーだが、そのままでは苦くて食べにくい。加温塩水漬にすれば、おいしい漬物が簡単にできる。

●賞味期限

調味液に漬けた翌日から食べられるが、2〜3日後の方がおいしい。製造直後に密封し、ポリ袋を開封しなければ、冷蔵庫で3か月は保存できる。

●つくり方

1 鍋とザルの大きさでゴーヤーの量を決める

原料のゴーヤーはどのくらい必要かとよく聞かれるが、加温塩水漬では、まず加温するための鍋とこれに合うザルの準備が肝心。鍋の大きさに合わせて、ゴーヤーの量を決める。加温した塩水にゴーヤーがドボンとすっかり浸かることが何より大事だからだ。

鍋とこれに合う押さえ用のザル、温度計

ゴーヤーは塩水にドボンとすっかり浸かる量に。ここでは直径24㎝の鍋なのでゴーヤーは5本、水4ℓ

2 備えて安心。取り置き塩水

加熱すると温度が上がりやすい。だから塩水は1/5くらいを別に取り置いて、温度が上がりすぎた際に備える。

3 ゴーヤーは縦に2分割して スプーンでワタをとる

4 塩水をつくって加温

5 ゴーヤーは、加温してから加熱する

①最初の50~60℃で25分間の加温→シャキシャキした歯ざわりをつくるため。

②次の80℃~煮沸温度帯での加熱→苦味を取り殺菌するため。

1回目は塩水で、加温

50～60℃、25分間

6 3%塩水をつくって加温

7 加温した3%塩水に浸ける

ザルで押さえて重石に皿などをおく。加温塩水が43℃くらいになったらゴーヤーを浸けてかまわない。50～60℃で25分間保持がポイントだ。タイマーを仕掛けておくと便利。

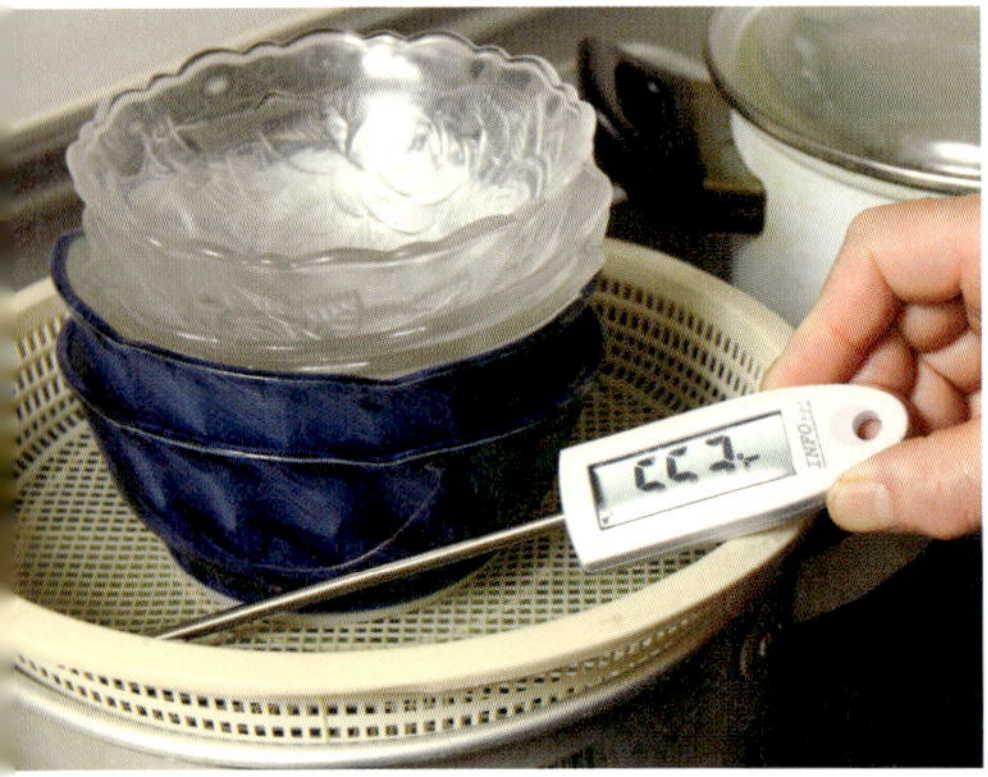

8 25分たったら取り出し、水洗いして水切りしておく

〈注意〉ゴーヤーをさらに漬けるなら、3%塩水はこの後も使い続けられるので捨てないこと。

加熱後は放置して水分を切る

2回目はただのお湯で、加熱

80℃～煮沸温度帯で10分間

9 鍋に入れたゴーヤーにお湯を注いで、80℃～弱火10分間加熱

〈注意〉ゴーヤーは苦味が強いので、80℃～煮沸がよい。

苦味と歯切れについて

苦味除去にはゴーヤーのワタを取り去ることが一番大事であるが、この製法では80℃～で煮沸することで苦味を分解する。たしかに80℃～の煮沸では歯切れのよさは落ちるが、一方で50～60℃を保持する加温では歯切れが増強する。つまり歯切れのよさと苦味は、50～60℃保持の時間および80℃～の煮沸時間で調整することができる。

なお、品種により苦味成分（モモルデシン）含有量は異なるため、ゴーヤーによって50～60℃保持時間と80℃～の煮沸時間を調整する必要がある。

調味液は沸騰直前まで加熱
分量は加温後のゴーヤーの重さが基準

10 加温を終えたゴーヤーを袋に入れて、重さをはかる。調味液の量は、このときのゴーヤーの目方で決める。

調味液の量は、このときのゴーヤーの目方で決める

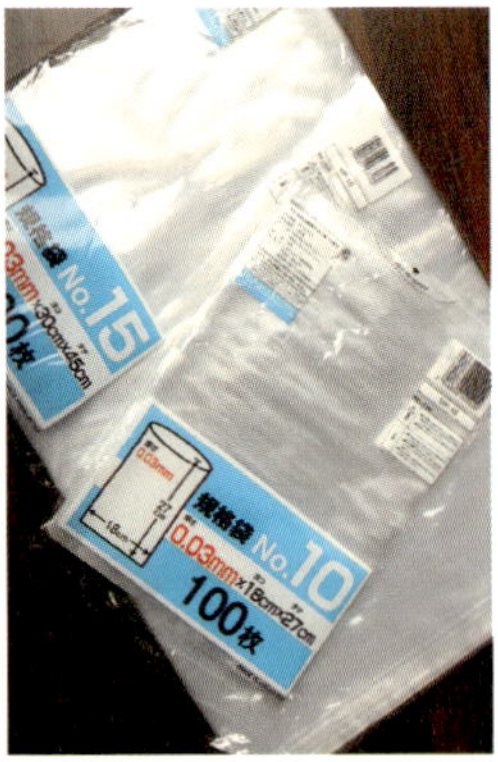

袋の厚さは 0.03mm がおすすめ

●調味液の配合表

醤油漬

（85℃沸騰寸前まで加熱）

加熱処理後のゴーヤー 100g に対して

醤油	10 mℓ
赤味噌	15 g
塩みりん	15 mℓ
食酢	10 mℓ
砂糖	25 g
	75

▶食塩濃度…………………約 2.0％

＊食塩濃度の計算方法は第３章の“食品濃度と％表示”における表「容量と重量」（P61）の食塩濃度の計算式を参照。以下同じ。

使用する調味料

11 調味液の配合

上表にある調味液の配合に合わせて、調味料の分量を計算する。

12 調味液を沸騰直前まで加熱する

調味液を加熱するのは、殺菌と味噌の酵素の働きを止めるため。

調味料を調合して
加熱する

漬け込む

ゴーヤーの入った袋に、加熱した調味液を加え脱気する

13 加熱した調味液を加える

袋を使う理由は？

①空気を追い出して雑菌の侵入を防げる。
②調味液がしみ込みやすい。
③長期の保存にも便利。

14 袋の口をくるくる巻いて、中の空気を追い出すようにしながら口を閉じる

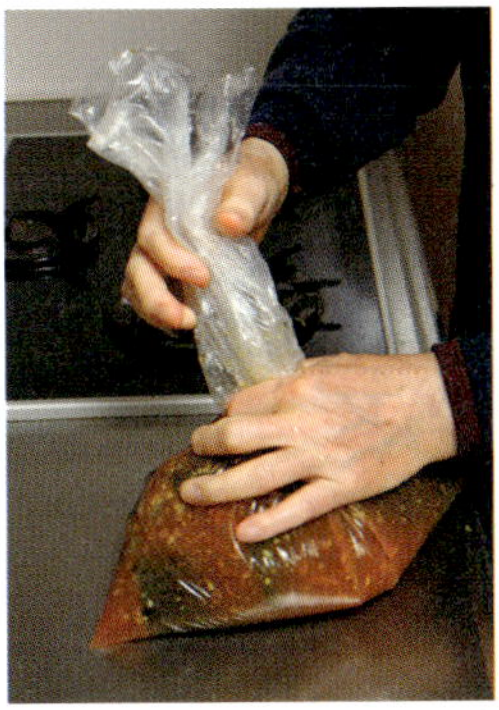

空気を追い出しながら口を絞っていく

絞った口をくるくると回す

15 冷めたら、袋を二重にして冷蔵する

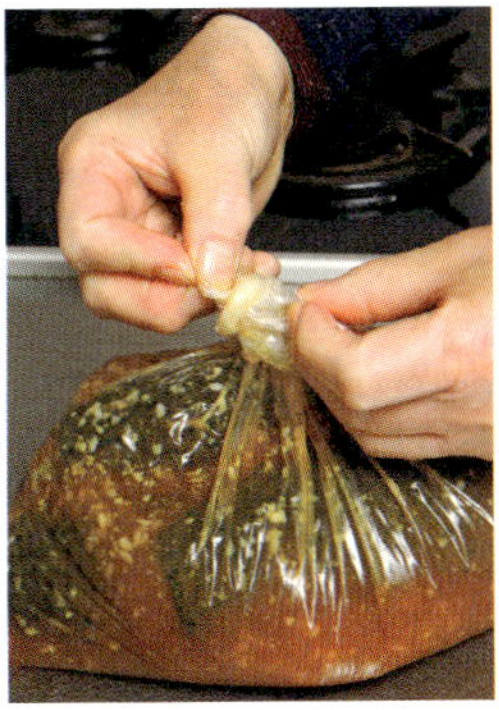

口を縛る

50〜60℃ 1回加温のみの製法

葉物類

コマツナ・ミブナ・チンゲンサイ・サラダホウレンソウ・ノラボウナ・ナノハナなど

ここではコマツナを例にそのつくり方を記すが、他の葉物もこのつくり方に準ずる。

●調味液の配合表

コマツナの醤油漬

80℃達温（沸騰寸前）後、冷却

加温処理したコマツナ 100g に対して

水	29.7 mℓ
本かつおだし	0.3 g*
醤油	6 mℓ*
塩みりん	6 mℓ
新みりん	6 mℓ
食酢	2 mℓ
唐辛子（一味）	0.05 mℓ
	50.05
▶処理葉物類	**100 g**
▶食塩濃度	**約 1 %**

＊＝理研ビタミン㈱

●特徴

コマツナにはカルシウムがほうれん草の5倍も含まれるほか、ビタミンA、B_2、C、鉄、カロテンも多く、栄養のある野菜といえる。季節を問わず、いつも野菜売り場にあるから馴染みも深い。家庭菜園では丈夫な野菜で、ひと冬越した春には大きく生長して、軟らかい葉と新芽を提供してくれる。葉はもちろん、咲いた花も漬物にしておいしい。加温塩水漬にするとシャキッとして、すっきりとした風味となり、コマツナの旨味を引き出せる。ふつうの塩漬では得られない、歯切れとうまさである。

●賞味期限

調味液に漬けた翌日から食べられる。冷蔵庫の保存なら10℃で10日間、5℃以下では1か月はおいしく食べられる。

●つくり方

①コマツナは水洗いして、ネット（百円ショップなどで手に入る）に入れておく。

②3％塩水をつくる。鍋に入れたコマツナが十分に浸るくらいの量がめやす。

③塩水を鍋に入れて加温する。

④57℃前後に温めたら一度火を止め、ネットに入れたコマツナを塩水に浸ける。このとき温度は55℃以下になる。50℃近くに下がったら再び弱火で加温して、塩水温度を50〜54℃に維持し、コマツナを10分間塩水に浸

コマツナの醤油漬

コマツナ

ノラボウナの醤油漬

ノラボウナ

チンゲンサイの醤油漬

チンゲンサイ

け続ける。

⑤コマツナをネットごと塩水から引き上げ、ネットのまま水で5分間冷却・脱塩する。

⑥処理したコマツナを計量後、調味液を配合表に従って調合し、沸騰寸前の80℃まで加熱し、火を止める。

⑦ネットから出したコマツナをポリ袋に入れ、冷ました調味液を入れる。

⑧ポリ袋の口をぐるぐると巻きながら空気を追い出し、密閉して冷蔵庫に入れる。

＊葉の緑色は55℃以上で退色するので、葉の緑を残したいときには温度を54℃までにする。

＊野菜が浮かないように重石代わりに皿を載せる。

ハクサイ

●特徴

加温塩水漬にすると、嫌味のない、素朴な香味が出る。ハクサイはダイコンと並んで漬物用野菜の王者。漬物にするなら、どちらも重石を効かせたほうがおいしくなる。15kgの白菜を漬けるなら、その5倍の75kgの重石を載せることだ。1～2日で漬け液が上がり、中の成分が濃縮される。化学調味料や昆布などは必要ないほど、うまくなる。重石が軽すぎると、3日たっても漬け液は上がらず、雑菌が増えてしまう。家庭で漬物にする際の失敗は、大方がこれである。

最近の漬物用品種は「黄こころ」に定着したようだ。かつて工業試験場の研究職にあった私は、ハクサイの漬物用品種7つについて、長期間試験していたことが

●調味液の配合表

ハクサイの塩漬

加温処理したハクサイ 100g に対して

こんぶだし	0.6g*
本かつおだし	0.2g*
レモン酢	2㎖
またはユズ皮	0.01％
唐辛子	0.03g
	2.83
▶処理ハクサイ	**100g**
▶食塩濃度	**約3％**

＊＝理研ビタミン㈱

ある。なかでも忘れがたい品種は「新理想」だった。ハクサイの旬は11〜12月であるが、この時期の新理想は軟らかくて、その旨さは絶品である。私の記憶のなかでは、天下一の味として刻印されている。ただ、新理想は病気に弱く、1月に入ると萎縮してしまうため、栽培や貯蔵がしにくく、いつのまにか忘れ去られてしまったようだ。

●賞味期限

調味液に漬けた翌日から食べられる。冷蔵庫なら、10℃で10日間、5℃以下で1か月はおいしく食べられる。

●つくり方

①ハクサイは汚れた葉を取り、へたを切る。株元の方に泥などがついていれば洗い落とす。
②洗ったハクサイを八つ割にする。
③3％塩水をつくる。ハクサイが鍋に十分浸るくらいの量がめやす。
④塩水を加温し、57℃になったら火を止める。
⑤八つ割にしたハクサイを塩水に入れる。ハクサイを入れると塩水は55℃以下になる。50℃に近くなったら弱火で加温する。50〜54℃の温度を維持して、10分間浸け続ける。
⑥10分後にハクサイを引き上げ、水を切っておく。
⑦ポリ袋にハクサイと、これと同量の3％塩水を入れる。塩水はあらかじめ冷蔵庫で冷却しておいたものを使う。
⑧ポリ袋をぐるぐる巻いて脱気したあと、冷蔵庫で2日間寝かせる。
⑨冷蔵庫から出したポリ袋のなかの塩水を捨ててから、配合表にしたがって調味料をパラパラと添加して液を上げてから、ポリ袋の口をぐるぐると巻きながら空気を追い出し、密閉して冷蔵庫に入れる。

ハクサイキムチ

●特徴

加温塩水漬にすると、乳酸菌が生きたおいしいハクサイキムチができる。

漬物の消費量が年々減少するなか、ハクサイキムチは漬物全体の減少分を補うほどに善戦している。なかでも東海漬物(株)の「こくうま」は単品で60億円を売り上げた。東海漬物は全国有数のハクサイ産地6か所に工場をもっている。1工場当たりにすれば平均10億円の売上だ。ふつうの漬物工場の売上が3億円くらいであるから、驚異的な売上といえる。「こくうま」の味の秘密はイカゴロ(イカの内臓を発酵させたもの)のこくにあり、これがうまい。さらに、通常は雑菌で臭くなってしまうのだが、食酢をやや多めに使うことで雑菌を抑えた。食酢の利用は、保存性がよくなるというメリットもあった。

ここで紹介するハクサイキムチは、刻みハクサイを加温塩水漬にする方法である。これで菌数も少なくでき、塩分も一定するし、タレも熱殺菌して菌数を減じ、さらに添加する乳酸菌の力で腐敗菌の成長を抑えている。すっきりした風味のうまいキムチになる理由はここにある。

●賞味期限

調味液に漬けて3日後から食べられる。冷蔵庫なら10℃で24日間は保存がきく。

●つくり方

ダイコンとニンジンでキムチの具をつくり、種々の調味料を添加してキムチダレをつくる。加温塩水漬で、刻みハクサイをつくり、タレと混ぜる。

◆具をつくる

①ダイコンとニンジンを千切りにする。ダイコンは150g、ニンジンは84gを用意する。

②10%の塩水をつくる。塩水の量は、千切りダイコンが十分に浸るくらいの量がめやす。

③塩水を加温する。

④塩水が62℃になったら一度火を止め、千切りダイコンを入れる。このとき温度は60℃に下がる。60～50℃で10分間千切りダイコンを浸し続ける。途中で温度が50℃に近づいたら再び弱火で加温して温度を維持する。

⑤10分加温したら、火を止める。加温塩水に浸けたままで置く。

⑥千切りニンジン84gをポリ袋に入れ、ニンジンの重さ

キムチタレの配合表　(仕上り 1kg)

原材料	配合比	g（1kg 当たり）	備考
砂糖	10	100	
食酢（4.2% の市販品）	19	190	約 1/3 をすりリンゴに振りかける。残りの酢へ刻みニラを入れて芽胞菌を殺菌する
すりリンゴ	9	90	酸が多く，固いリンゴをする。紅玉，ジャズなど，食酢の中へすると変色しない
すりニンニク	9	90	
本かつおだし	3.5	35	理研ビタミン㈱
こんぶだし	3.5	35	理研ビタミン㈱
ナンプラー	2	20	
秋田しょっつる	3	30	
白醤油	4	40	
一味唐辛子	2.4	24	
韓国唐辛子	1	10	
おろし生姜	0.6	6	
具	20	200	加温塩水漬にした千切りダイコン 120g と塩揉みした千切りニンジン 80g
白ゴマ	1	10	
刻みニラ	2	20	
25% 焼酎	2	20	
水	4	40	水を撹拌しながら，片栗粉を少しずつ入れる。片栗粉に水を入れるとダマとなる
片栗粉	3.9	39	
乳酸菌（HS-1）	0.1	1	冷却後，撹拌しながら入れる
	100	1000	蒸発した分は水を補充して 1kg とする

注）乳酸菌の HS-1 は茨城県工業技術センターで開発したもの。ただ，市販はされていないため，入手ご希望の際は小林さんにお問合せください。連絡先は携帯電話で 090-3006-7800 となります。

の10％の塩8・4gを入れて混ぜ、塩もみにしておく。

⑦塩水に浸けておいたダイコンを搾って約120gにし、ポリ袋で塩もみしたニンジンは搾って約80gにする。

⑧これで加温塩水漬にした千切りダイコン120gと塩もみしたニンジン80gとで、合計200gの具が準備できた。

◆タレをつくる

①配合表にしたがってキムチダレを調合する。先につくっておいた具もここで合わせる。

②調合したキムチダレを火にかけ、沸騰しはじめる85℃になるまで加熱してから、片栗粉を入れてかき混ぜ、火を止める。

③冷却後、乳酸菌を添加する。

◆加温塩水漬で刻みハクサイをつくる

①ハクサイは汚れた葉を取り、へたを取る。株元の方に泥などがついていれば洗い落とす。

②洗ったハクサイを八つ割にし、4～5㎝幅に切って、ネット（百円ショップで手に入る）に入れる。

③3％塩水をつくる。ハクサイが鍋に十分浸るくらいの量がめやす。

④塩水を加温し、57℃になったら火を止める。

⑤ネットごとハクサイを塩水に入れる。このとき塩水は55℃以下になる。50℃に近くなったら弱火で加温する。50～54℃の温度を維持して、10分間浸け続ける。

⑥10分後にハクサイを引き上げ、水を切っておく。

⑦ポリ袋にハクサイと、これと同量の3％塩水を入れる。塩水はあらかじめ冷蔵庫で冷ましておいたものを使う。

⑧ポリ袋をぐるぐる巻いて脱気したあと、冷蔵庫で2日間寝かせる。

◆仕込み

①冷蔵庫で2日間熟成させた「刻みハクサイ」を取り出して、よく水切りする。

②水切りしたハクサイをポリ袋に入れ、その重量の⅓のキムチダレを加えて混ぜる。

③冷蔵庫で3日間熟成させる。

＊食品添加物を含む色素を添加していないため、赤色に欠ける。赤色がほしい場合には、パプリカをふりかけるとよい。

レタス

●調味液の配合表

レタスの醤油漬

加温処理したレタス100g に対して以下の要領で配合してから加熱し，沸騰寸前の80℃になったところで火を止めて冷ます。

水	66.5 ㎖
本かつおだし	0.4 g*
醤油	14 ㎖
こんぶだし	0.4 g*
塩みりん	8 ㎖
新みりん	8 ㎖
食酢	2.7 ㎖
唐辛子（一味）	0.07 g
	100.07

▶処理葉物類（レタス）…100g

▶食塩濃度……約 1.4％

＊＝理研ビタミン㈱

●特徴

加温塩水漬にすると、通常の塩漬では得られない歯切れと旨味が出る。

高原野菜のレタスについては、その大きな丸い葉が八ヶ岳のふもとの霧に包まれた畑で一面に栽培されている光景が忘れがたい。

レタスは塩漬するとつぶれてしまい、シャキシャキの歯切れはない。この加温塩水漬でシャキッとした漬物になった。

●賞味期限

調味液に漬けた後、翌日から食べられる。賞味期限は、冷蔵庫10℃で10日間、5℃以下なら1か月。

●つくり方

①レタスを水で洗い、半分に割る。半分に割ったレタスはネット（百円ショップなどで手に入る）に入れておく。

②3％塩水をつくる。鍋に入れたレタスが十分に浸るくらいの量がめやす。

③塩水を鍋に入れて加温する。

④57℃前後に温めたら一度火を止め、レタスをネットごと塩水に入れる。このとき温度は55℃以下になる。50℃近くに下がったら再び弱火で加温して、塩水温度

を50～54℃に維持し、レタスを10分間塩水に浸け続ける。

⑤レタスをネットごと塩水から引き上げ、そのまま水で5分間冷却・脱塩する。

⑥加温処理したレタスを計量後、調味液を配合表に従って調合し、沸騰寸前の80℃まで加熱し、火を止める。

⑦ネットから出したレタスをポリ袋に入れ、冷ました調味液を入れる。

⑧ポリ袋の口をぐるぐると巻きながら空気を追い出し、密閉して冷蔵庫に入れる。

＊レタスの葉の緑色は55℃以上で退色するので、葉色を残したいなら54℃を維持すること。

＊塩水は途中で温度が55℃以下に下がったら、弱火で加温する。塩水温度は50～54℃を維持する。

＊加温中は野菜が浮かないように、重石代わりに皿を載せるとよい。

キュウリ

●調味液の配合表

キュウリの醤油漬

85℃達温（沸騰寸前）冷却

加温処理したキュウリ 100g に対して

醤油	18㎖
塩みりん	10㎖
赤味噌	7g
砂糖	15g
唐辛子	0.03g
	50.03

▶処理キュウリ……100g

▶食塩濃度……約2.8%

●特徴

加温塩水漬にすると、通常の塩漬では得られない歯切れと旨味がある。

キュウリは、ナスと並び、夏の野菜の王者である。60年前の子供の頃の記憶は鮮やかだ。かんかん照りの太陽の下、青々としたキュウリが葉の下に隠れている。もぎ取って、手で汚れをこすりとり、口にほおばった。あのみずみずしい味は忘れられない。

キュウリは通常、高い濃度で塩漬して、これを脱塩・圧搾するから、塩といっしょに野菜の成分が流れてしまう。加温塩水漬なら、まるまる漬物とするため、原菜の風味が楽しめる。

●賞味期限

調味液に漬けた後、3～4日が食べ頃。液が濃いため、8日経過するとかなり萎み、シャキシャキがなくなる。

●つくり方

①キュウリは水洗いしてから、両端を切り落とす。
②3％塩水をつくる。キュウリを鍋に入れて十分に浸るくらいの量がめやす。
③塩水を鍋に入れて加温する。
④57℃前後に温めたら一度火を止め、キュウリを塩水に入れる。このとき温度は55℃以下になる。50℃近くに下がったら再び弱火で加温して、塩水温度を50～54℃に維持し、キュウリを10分間塩水に浸け続ける。
⑤塩水からキュウリを引き上げ、10分間、水で冷却・脱塩する。
⑥加温処理したキュウリを計量後、調味液を配合表に従って調合し、沸騰寸前の85℃まで加熱し、火を止める。
⑦キュウリをポリ袋に入れ、冷ました調味液を入れる。
⑧ポリ袋の口をぐるぐると巻きながら空気を追い出し、密閉して冷蔵庫に入れる。

オクラ

●調味液の配合表

オクラの味噌漬

85℃達温（沸騰寸前）冷却

加温処理したオクラ100gに対して

醤油	10㎖
味噌	15g
塩みりん	15㎖
新みりん	40㎖
唐辛子（一味）	0.03g
食酢	10㎖
	90.03

▶**処理オクラ**……………… **100g**

▶**食塩濃度**………………… **約2.2%**

*ガラムマサラ（GABAN製）を0.5%添加すると乙な風味が出る。ヒンディー語でガラムは辛い、マサラは混ぜたものの意である。ガラムマサラはチョウジ、カルダモン、シナモンを主原料とした混合香辛料である。製造3日後、調味液を減らしてから添加したほうが、ガラムマサラの使用量が少なくてすむ。

●特徴

加温塩水漬にすれば歯切れがあり、オクラ独特のネバリとうまみも得られる。

夏、オクラはその茎にたおやかで美しく、大きな花を咲かせる。花が終わるとポックリと、茎に沿って天を衝くようにしてオクラが立ち上がる。

オクラは刻んで食べることが多いが、オクラの形そのままで食べられるのは、この加温塩水漬ならでは。

●賞味期限

調味液に漬け3日後から食べられる。製造直後に密封し、ポリ袋を開封しなければ、冷蔵庫で3週間は保存可能。

●つくり方

①オクラは黒ずみが多い端の部分を切り落とし、水洗いする。洗ったオクラは扱いやすいようにネット（百円ショップなどで手に入る）に入れておく。
②３％塩水をつくる。オクラを鍋に入れて十分に浸る程度の量がめやす。
③塩水を鍋に入れて加温する。
④57℃前後に温めたら一度火を止め、オクラをネットごと塩水に入れる。このとき温度は55℃以下になる。50℃近くに下がったら再び弱火で加温して、塩水温度を50～54℃に維持し、オクラを10分間塩水に浸け続ける。
⑤加温塩水から引き上げたオクラを、水で10分間冷却・脱塩する。
⑥調味液を配合表に従って調合し、沸騰寸前の85℃まで加熱し、火を止める。
⑦ポリ袋に冷やした調味液とオクラを一緒に入れる。
⑧ポリ袋の口をくるくると巻いて空気を追い出して密封し冷蔵庫へ入れる。
＊野菜が浮かないように重石代わりに皿を載せる。

トウガン

●調味液の配合表

トウガンの味噌風味漬

85℃達温（沸騰寸前）

加温処理したトウガン 100g に対して

塩みりん	11 mℓ
新みりん	17 mℓ
醤油	3 mℓ
赤味噌	15 g
食酢	4 mℓ
唐辛子（一味）	0.03 g
	50.03

▶処理トウガン……………100 g
▶食塩濃度………………約 1.8％

トウガンの醤油漬

85℃達温（沸騰寸前）

加温処理したトウガン 100g に対して

塩みりん	11 mℓ
新みりん	21 mℓ
白醤油	12 mℓ
白味噌	2 g
食酢	4 mℓ
唐辛子（一味）	0.03 g
	50.03

▶処理トウガン……………100 g
▶食塩濃度………………約 1.9％

●特徴

トウガンは塩漬しても、歯切れは出ないが、加温塩水漬にすれば、シャキシャキした歯切れが生まれる。みずみずしさも味わえる。

トウガンには様々な形があり、大きいのもあれば小さいのもある。これまでトウガンを漬物にしたという話は聞いたことがない。だから、加温塩水漬ではじめ

て漬物の食材になったといえるだろう。

●賞味期限

調味液に漬けた後、３日たてば食べられる。製造直後密封し、ポリ袋を開封しなければ、冷蔵庫で1か月間は保存が可能。

●つくり方

①トウガンは八つ割にして種を取り、厚い皮を剥き、食べやすい大きさに切る。

②水洗いしてネット（百円ショップなどで手に入る）に入れ、水を切っておく。

③３％塩水をつくる。トウガンを鍋に入れて十分に浸る程度の量がめやす。

④塩水を加温する。

⑤塩水を62℃にまで温めたら一度火を止め、トウガンをネットごと塩水に入れる。このとき温度は60℃に下がる。50℃近くに下がったら再び弱火で加温し、塩水温度を60℃近くに維持し、50〜60℃の塩水にトウガンを10分間浸け続ける。

⑥加温処理したトウガンを計量後、調味液を調合し、沸騰寸前の85℃まで加熱して火を止める。

⑦加温塩水から引き上げたトウガンを水で5分間冷却・脱塩する。

⑧ポリ袋へ加熱した調味液とトウガンを一緒に入れる。

⑨ポリ袋の口をくるくると巻いて空気を追い出して密封し、冷ましてから冷蔵庫へ入れておく。

＊野菜が浮かないように重石代わりに皿を載せる。

ダイコン

●調味液の配合表

ダイコンの醤油漬

80℃達温（沸騰寸前）

ダイコン100ｇに対して

醤油	15㎖
白醤油	5㎖
塩みりん	10㎖
砂糖	10ｇ
食酢	1.2㎖
レモン酢	1.2㎖
唐辛子（一味）	0.03ｇ
	42.43
▶処理ダイコン	**100ｇ**
▶食塩濃度	**約2.5％**

●特徴

加温塩水漬にすれば、みずみずしい香味と、ふつうの塩漬では得られない歯切れが生まれる。

ハクサイと並ぶ漬物用野菜の王者。繰り返しになるが、重石を効かせたほうが確実においしくなる。漬物用ダイコンの品種は、種苗会社の都合や農家の高齢化で変わってきた。昭和の時代はダイコンと言えば白系であった。それが青首ダイコンへと変わった。青首は何より畑で抜きやすいから、高齢化した農家にも歓迎された。

私は工業試験場に勤務している間、漬物用ダイコンの品種試験を繰り返していた。なかでも忘れられない品種がある。白系では「西町理想」の柔らかさ、べったら漬にして最高の「美濃早生」、干したくあん漬には白くておいしい「干し理想」。いずれも忘れがたい。これらの品種がいまでは栽培されていないのは残念だ。

昨今は、ダイコンといえば青首である。漬物用の青首ダイコンとしては、年によって不揃いもあるが、大きくておいしい「耐病総太り大根」はよい品種である。また、尻は大きいが歯切れのあるおいしいさくら漬となる「富《と》美勢《みせい》」もおもしろい品種だった。どれも記憶に鮮明な品種である。

●賞味期限

調味液に漬けた後、3〜7日が食べ頃。8日以上たつとやや苦味が出る（この場合調味液の砂糖と唐辛子を5割増しとする）。冷蔵庫では10℃で10日間、5℃で1か月はおいしく食べられる。

●つくり方

①青首ダイコンは、青首部を切り落として残った部分を水洗いし、大きく3つに切り分けて、それぞれ縦に4つ切りにしておく（全部で12カットとなる）。

②3％塩水をつくる。ダイコンを鍋に入れて十分浸る程度の量がめやす。

③塩水を加温する。

④塩水を62℃にまで温めたら一度火を止め、ダイコンを塩水に入れる。このとき温度は60℃に下がる。50℃近くに下がったら再び弱火で加温し、塩水温度を60℃近くに維持し、50～60℃の塩水にダイコンを30分間浸け続ける。

⑤塩水から引き上げたダイコンを15分間、水で冷却・脱塩する。

⑥加温処理したダイコンを計量後、調味液を調合し、沸騰寸前の80℃まで加熱し、火を止める。

⑦ポリ袋に加熱した調味液とダイコンを一緒に入れる。

⑧ポリ袋の口をくるくると巻いて空気を追い出して密封し、冷ましてから冷蔵庫へ入れる。

カブ

●調味液の配合表

カブの味噌漬

80℃達温（沸騰寸前）後、冷却

加温処理したカブ 100g に対して

水	31.4 mℓ
白醤油	4 mℓ
本かつおだし	0.3 g *
こんぶだし	0.3 g *
塩みりん	6 mℓ
新みりん	6 mℓ
食酢	2 mℓ
唐辛子（一味）	0.05 g
	50.05
▶処理カブ	**100 g**
▶食塩濃度	**約 0.9％**

＊＝理研ビタミン㈱

●特徴

加温塩水漬にすれば、通常の塩漬では得られない歯切れが生まれる。

カブは今では年中手に入るが、何といっても春カブは軟らかく、甘くてうまい。一般に生長した大きな野菜はおいしいが、カブは大きさに関係なくうまい。

●賞味期限

調味液に漬けた後、3～7日が食べ頃。冷蔵庫は10℃で10日間、5℃で1か月はおいしく食べられる。

●つくり方

①カブの下ごしらえには2通りのやり方がある。ひとつは、水洗いしてから、葉の部分も一緒に加温塩水漬にするもの。カブの部分には、火の通りをよくするために切れ目を入れる。もうひとつは、カブを水洗いしてから、葉の部分を3～5㎝だけ残してあとは切り落とし、同じくカブの部分に切れ目を入れるやり方である。

②3％の塩水をつくる。鍋にカブを入れて十分に浸る程度の量がめやす。

③塩水を加温する。

④塩水を56℃まで温めたら一度火を止め、下処理したカブを塩水に入れる。これで温度は54℃に下がる。

50℃近くに下がったら再び弱火で加温し、塩水温度を50～54℃に維持しながら、カブを20分間 50～54℃の塩水に浸け続ける。

⑤塩水からカブを引き上げ、水で塩水を洗い流しながら10分間冷却・脱塩する。

⑥加温処理したカブを計量後、調味液を調合し、沸騰寸前の80℃まで加温して、火を止める。

⑦ポリ袋に煮沸寸前まで加熱後、冷却した調味液とカブを一緒に入れる。

⑧ポリ袋の口をくるくると巻いて空気を追い出して密封し、冷ましてから冷蔵庫へ入れる。

タマネギ

●調味液の配合表

タマネギの醤油漬

85℃達温（沸騰寸前）

加温処理したタマネギ 100g に対して	
醤油	8㎖
白醤油	7㎖
赤味噌	5g
塩みりん	10㎖
新みりん	7㎖
食酢	13㎖
	50

▶処理タマネギ……………100g

▶食塩濃度……………約 2.3％

＊タマネギ大１個当たりに，レモン１切を入れるか，あるいはレモン果汁を 1.5㎖加えると，風味が増す。

タマネギの味噌漬

85℃達温（沸騰寸前）

加温処理したタマネギ 100g に対して	
醤油	5㎖
赤味噌	15g
塩みりん	10㎖
新みりん	7㎖
食酢	13㎖
	50

▶処理タマネギ……………100g

▶食塩濃度……………約 1.9％

＊タマネギ大１個当たりに，レモン１切を入れるか，あるいはレモン果汁を 1.5㎖加えると，風味が増す。

タマネギのワイン漬

85℃達温（沸騰寸前）

加温処理したタマネギ 100g に対して	
白醤油	10㎖
赤味噌	5g
赤ワイン	10㎖
新みりん	12㎖
食酢	13㎖
	50

▶処理タマネギ……………100g

▶食塩濃度……………約 1.6％

＊タマネギ大１個当たりに，レモン１切を入れるか，あるいはレモン果汁を 1.5㎖加えると，風味が増す。

●特徴

加温塩水漬にすると、歯切れがあり、辛味が抑えられてタマネギ本来の甘さと旨味が出る。

平成6～7年頃、加温塩水漬でタマネギの漬物を開発したのだが、辛くて食べられないという苦情をいただいた。これがきっかけとなり、二段加温によって辛味を飛散させる方法を開発することができた。現在、タマネギの漬物は全国的に普及した。これは、タマネギが年間を通して流通し、安価であるからだろう。ちなみに、タマネギは水溶性繊維のフルクタンを多く含み、健康野菜である。毎日、食べることをお勧めしたい。

●賞味期限

調味液に漬けた3日後から食べられるが、1週間ほどたってからのほうがおいしい。製造直後に密封し、ポリ袋を開封しなければ冷蔵庫で3か月間は保存可能である。

根元に切れ目を入れると漬かりやすい。タマネギを塩水に浸けること 30 分。塩水が 60℃を少し超えたら火を止める

●つくり方

◆下ごしらえ

①タマネギは、根元と茎の先端部分をカットしてから表皮をむき、水洗い。大きめのタマネギは半分に割り、根元部分に切れ目を入れる。中タマネギは丸のままで根元に切れ目を入れる。

◆鍋の大きさでタマネギの量を決める

②鍋にタマネギの重量の5～6倍の3％塩水をつくる。

◆1回目の加温

③塩水を加温する。

④62℃にまで加温したところで、タマネギを入れると60℃まで温度が下がる。ここで火を止める。50℃くらいまで下がったら再び弱火で加温して、50～60℃を保ちながら、30分間タマネギを塩水に浸け続ける。これで歯切れが形成される。タマネギが浮かないようにザルで押さえて、重石代わりに上から皿を載せる。

⑤30分でタマネギを塩水から引き上げ、水洗いしてから水切りする。

◆2回目の加熱

⑥タマネギ重量の5～6倍の湯を沸かしておき、82℃になったところで水切りしてあったタマネギを入れる。82℃の湯に水切りしたタマネギを入れると、温度は80℃に下がるが、70℃まで温度は維持されるので、そのまま10分間浸けておく。こうすることで、余分な辛味を飛散させてタマネギの甘味が出る。

⑦加温処理したタマネギを計量後、調味液を調合し、85℃まで加熱する。

⑧10分で引き上げたタマネギをポリ袋に入れ、加熱した調味液も入れる。

⑨ポリ袋の口をくるくると巻いて空気を追い出し、密閉してから冷まして冷蔵庫に保存する。

ネギ

●調味液の配合表

ネギの醤油漬

85℃達温（沸騰寸前）

加温処理したネギ100gに対して

白醤油	10㎖
白味噌	5g
塩みりん	15㎖
新みりん	5㎖
食酢	15㎖
	50
▶処理ネギ	**100g**
▶食塩濃度	**約1.9%**

＊醤油と味噌の割合を逆にしてもよい。
＊製品が黒ずまないようにするためには，醤油は白醤油，味噌は白味噌を使用する。
＊シソ風味の場合，梅漬に使ったシソを乾燥させて葉を刻み，全体に対して2%入れる。
＊ユズ風味の場合，全体に対してユズ皮を刻み0.01%入れる。

●特徴

加温塩水漬にすると、歯切れがあり、辛味が抑えられネギ本来の甘さとうまみが出る。

ネギはなんといっても焼いて食べるのが一番だ。甘みと適度な辛味、それにあの香りは忘れがたい。だが、焼きたてのうまさは保存がきかない。加温塩水漬にしたネギのうまさは、3か月保存できる。シャキシャキとおいしいネギをいつでも、おいしく食べられるのである。

●つくり方

ネギの製法はタマネギにほぼ準ずる。処理時間などが異なるだけである。

①ネギは皮をむき、根と葉の部分を切り落としてから、水洗いし食べやすい大きさに切る。切ったネギは扱い

やすいようにネット（百円ショップなどで手に入る）に入れておく。

②鍋にネギの重量の5～6倍の3％塩水をつくる。

◆1回目加温

③塩水を加温する。

④62℃にまで加温したところで、ネギを入れると60℃まで温度が下がる。ここで火を止める。50℃くらいまで下がったら再び弱火で加温して、50～60℃を保ちながら、20分間ネギを塩水に浸け続ける。これで歯切れが形成される。

⑤20分でネギを塩水から引き上げ、水切りする。

◆2回目加熱

⑥ネギの重量の5～6倍の湯を沸かしておき、82℃になったところで水切りしたネギを入れる。82℃の湯に水切りしたネギを入れると温度は80℃に下がるが、70℃までの温度は維持されるので、そのまま10分間浸けておく。こうすることで、余分な辛味を飛散させてネギの甘味が出る。

⑦加温処理したネギを計量後、調味液を調合し、85℃まで加熱する。

⑧10分で引き上げたネギを、加熱した調味液とともにポリ袋に入れる。

⑨ポリ袋の口をくるくると巻いて空気を追い出し、密閉してから冷まして冷蔵庫に保存する。

＊ネギが浮かないようにザルで押さえて重石代わりに上から皿を載せる。

ネットの袋にネギを入れておくと扱いやすい

ハヤトウリ

●調味液の配合表

ハヤトウリの醤油漬

沸騰寸前まで加熱（85℃）して，熱いうちに，ハヤトウリと合わせポリ袋に密封する

加温処理したハヤトウリ 100g に対して

赤味噌……………………………………10ｇ
醤油………………………………………20 ㎖
塩みりん…………………………………15 ㎖
新みりん…………………………………15 ㎖
唐辛子（一味）…………………………0.03ｇ

60.03

▶処理ハヤトウリ…………100ｇ
▶食塩濃度…………………約 3.3％

ハヤトウリのキムチ味

加温処理したハヤトウリ重量の 1/4 のハクサイキムチと同じタレを入れる

▶食塩濃度…………………約 3％

●特徴

ハヤトウリには苦味、エグ味がある。熟成には日数がかかり、漬物にしても食べられるまでには優に半年はかかる。だが、加温塩水漬にすれば、苦味、エグ味のないハヤトウリの漬物が短時間でできる。

ハヤトウリは有機栽培が容易で、たくさんできる。漬物も簡便につくれるなら、利益を上げることができる。加温塩水漬でこれが可能となった。

●賞味期限

調味液に漬けた3日後から食べられる。製造直後から密封し、ポリ袋を開封しなければ冷蔵庫で3か月間は保存が可能である。

●つくり方

◆ハヤトウリの下ごしらえ

①ハヤトウリは半分に切り、へたを切り落としてワタを取り除く。

②水洗いし、水切りしておく。

◆ハヤトウリの量

③鍋にハヤトウリの重量の5～6倍の3％塩水をつくる。

1回目の加温

◆1回目の加温50～60℃

④塩水を加温する。

⑤62℃にまで加温したところでハヤトウリを入れると、60℃まで温度が下がる。ここで火を止める。50℃くらいまで下がったら再び弱火で加温して、50～60℃を保ちながら、20分間ハヤトウリを塩水に浸け続ける。これで歯切れが形成される。

⑥20分でハヤトウリを塩水から引き上げ、水切りする。

ザルと重石で押さえる

加温後に水洗いする

水切り後のハヤトウリ

◆2回目の加熱85℃～

⑦ハヤトウリ重量の5～6倍の湯を沸かしておき、85℃になったら水切りしてあったハヤトウリを入れる。85℃の湯に15分間浸けておく。こうすることで、酵素が失活して苦味、エグ味が分解される。

２回目の加熱は 85℃

加温の終わったハヤトウリを計量する

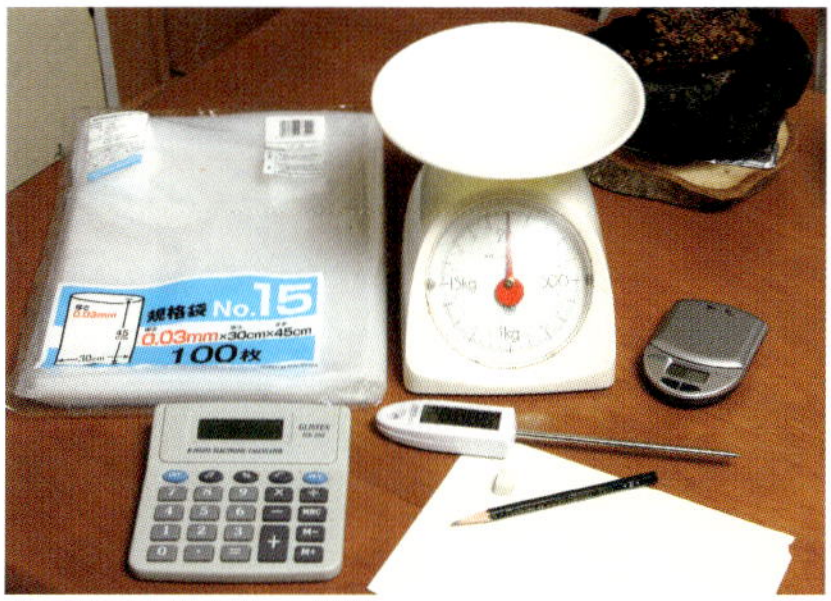

調味液の配合量を計算する

調味液の材料

◆調味液をつくる

⑧加温処理したハヤトウリを計量後、調味液を調合し、85℃まで加熱する。

調味液を加熱する

袋の口をくるくると巻いて空気を追い出す

ハヤトウリの入った袋に調味液を入れて漬け込む

◆漬け込む

⑨15分で引き上げたハヤトウリを、加熱した調味液とともにポリ袋に入れる（醤油漬）。キムチ味の場合、ハクサイキムチと同じタレをハヤトウリ重量の1/4入れる。

⑩ポリ袋の口をくるくると巻いて空気を追い出し、密閉してから冷まして冷蔵庫に保存する。

＊なお、歯切れおよび苦味、エグ味の除去の加減は、最初に50～60℃塩水に浸けている時間と、次に85℃の湯に浸けている時間で調整する。

ハヤトウリの仕上がり

80℃以上で加熱する製法

ニンニク、ウド、ニンジン、ゴボウ、エリンギは、加熱による軟化が少ないため、塩の作用ではなく、加熱することにより塩漬け同様に野菜の細胞死が起こって漬物になる。

ニンニク

●調味液の配合表

ニンニクの味噌風味

加熱処理したニンニク 100g に対して

醤油	10 mℓ
赤味噌	15 g
塩みりん	15 mℓ
砂糖	20 g
食酢	10 mℓ
	70

▶処理ニンニク……………100 g

▶食塩濃度……………約 2.2%

＊醤油と赤味噌の割合の合計 25 は変えないで，好みにより醤油の割合を多くしてもよい。

●特徴

加温塩水漬にすれば、短時間でおいしいニンニクの漬物ができる。

長い工業試験場生活のなかでも、ニンニクの漬物加工については嫌な思い出が多い。つくったニンニクの漬物がすべて緑変してしまったことがある。ニンニクは緑になり、私は蒼くなった。ニンニクを食べれば元気が出るが、くさいのが玉にきず。そのにおいをどうしたものかと扱いかねていた。研究の結果、緑変もにおいも、その原因がわかり、防止できることがわかった。いまだに緑変原因がわからず、かつての私のように苦労している漬物業者も多いようだ。ここでは緑変の防ぎ方を説明するので、ぜひ参考にしてほしい。

●賞味期限

製造後3日たってから食べられる。製

造直後から密封し、ポリ袋を開封しなければ、3か月は保存可能である。

●つくり方

①ニンニクは湯水に入れ10分間煮沸してから、水に入れて冷やし、ひとつひとつの鱗片をばらばらにしておく。

②配合表にしたがって、処理するニンニク量に応じた調味液をつくり、ニンニクと一緒に鍋に入れて攪拌しながら加熱する。

③弱火で5分間煮る。

④5分したら火を止め、熱いうちにポリ袋に入れ、袋の口をくるくると巻いて空気を追い出し、密閉してから冷まして冷蔵庫に保存する。

◆ニンニクの緑変

原因は2つある。1つは、加熱しないまま傷をつけて放置したり、加熱前に冷蔵庫に貯蔵すると緑変する。いずれもアリィナーゼという酵素が関与しているが、このアリィナーゼが失活していないために緑変する。アリィナーゼの失活温度は70℃。鱗片の大きい国産ニンニク（6つの鱗片をもつ）では、内部が70℃の温度に達するには80℃で5分間の加熱が必要になる。

2つ目は、温度の低いところに貯蔵されたもので、11月の木枯らしの吹く寒い時期になると、ニンニクが発芽準備をするため、アリィインがイソアリィインとなる。この成分が、加工時にへた切りした部分から青変を起こすことになる。収穫されたニンニクは、10月までに加工するか、それ以降になるようなら、25℃以上の部屋に置くようにすれば、イソアリィインは生成されない。この場合、イソアリィインが生成されていても、イソアリィインはサイクロアリィインとなり緑変しなくなる。

ウド

●調味液の配合表

ウドの醤油漬

ウド 100g に対して

水	50 mℓ
醤油	15 mℓ
塩みりん	15 mℓ
新みりん	10 mℓ
食酢	10 mℓ
唐辛子（一味）	0.03 g
	100.03

▶処理ウド……………………100 g

▶食塩濃度……………… 約 1.5％

●特徴

加温塩水漬にすると、短時間でアクの少ない、ウドの風味が生きた漬物ができる。

ウドの白い部分は酢漬にしておいしい。ところが、手間暇かけてつくった最初の加温塩水漬によるしょうゆ漬は、アクで黒くなってしまった。しかもおいしくない。それを80℃以上に加熱することで解決した。調味液のなかで加熱するだけで、簡単に風味あるウドの漬物ができるようになったのである。手軽にできる酒の肴としてお勧めしたい。

●賞味期限

調味液に漬けた5日後から食べられる。製造直後からポリ袋に密閉されていれば、冷蔵庫で1か月は保存可能である。

●つくり方

①根部の一番下の硬い部分や、芽や葉の付いた細い茎を切り落とし、水で洗う。

②太い茎の部分は皮をむき、食べやすい大きさに切る。

③切ったウドと、配合表にある調味料の水、塩みりん、新みりん、唐辛子を鍋に入れて撹拌しながら加熱する。

④鍋の中に泡が出てくるようになって（調味液は80～85℃になっている）から30秒後に、ウドの芽・葉のついた細い茎を入れる。入れた直後は80℃くらいに下がるので、弱火で再び泡が出るまで数秒間加熱する。

⑤泡が出てきたら加熱をやめ、すぐに配合表にある醤油と食酢を入れる。

⑥熱いうちにウドと調味液をポリ袋に入れ、袋の口をくるくる巻いて空気を追い出して密閉し、冷めるのを待って冷蔵庫に入れる。

＊加熱の目的はウドの殺菌、軟化および味の浸透である。しかし、加熱しすぎるとウドの風味が落ちるので注意。

ニンジン

●調味液の配合表

ニンジンの白味噌風味

ニンジン 100g に対して

白醤油	15 ㎖
白味噌	15 g
新みりん	10 ㎖
塩みりん	10 ㎖
食酢	10 ㎖

60

▶処理ニンジン……………100 g

▶食塩濃度……………約 3.0 %

●特徴

加温塩水漬にすると、短時間でおいしいニンジンの漬物ができる。

ニンジンは千切りして青菜と混ぜて食べるとおいしい。ただ、ニンジンのみで漬物にする発想はなかった。ニンジンの加温塩水漬をぜひ試していただきたい。歯切れが良く、ニンジンの旨味を引き出し

歯切れをさらによくするには？

ニンジンの歯切れをさらによくしたいという場合は、最初に3%塩水を50～60℃に加温した中にニンジンを20分入れ、引き上げて水に20分浸けて脱塩後、上記の方法でつくればよい。

た、これまでにない漬物ができる。

●賞味期限

カットする大きさにもよるが、製造の翌日から食べられる。製造直後からポリ袋に密閉されていれば、3か月は保存が可能である。

●つくり方

①ニンジンは水洗いして、食べやすい大きさに切る。
②配合表にしたがって調味液をつくる。
③鍋に調味液とニンジンを入れ、5〜8分間煮る。煮るとニンジンの甘味が出る。8分ではやや軟らかくなるが、ニンジンの匂いが嫌いな人は8分間煮るほうがよい。
④熱いうちに、調味液と一緒にポリ袋に入れて、袋の口をくるくる巻いて空気を追い出し、密閉する。
⑤冷めてから冷蔵庫に移し保存する。

ゴボウ

●調味液の配合表

ゴボウの味噌風味漬

ゴボウ 100g に対して

醤油	10 mℓ
赤味噌	15 g
塩みりん	15 mℓ
砂糖	20 g
食酢	10 mℓ
唐辛子（一味）	0.03 g
	70.03
▶処理ゴボウ	**100 g**
▶食塩濃度	**約 2.6%**

●特徴

加温塩水漬にすれば、短時間でおいしいゴボウの漬物ができる。

ゴボウの漬物は山ゴボウが中心で、里ゴボウは少ない。里ゴボウは切り口が変色しやすいからだろうか。数年前までは酢で変色を防止できたのだが、ゴボウが変わってきたためか、いまは酢がきかないようだ。そこで加温塩水漬の登場だ。加熱によって変色のない、白くて、かつゴボウの旨味を引き出した、おいしい漬物になる。

●賞味期限

製造の翌日から食べられる。ポリ袋に密閉されていれば、3か月間は保存可能である。

●つくり方

①ゴボウは水洗いしてから、包丁の背でこするようにして表皮をむいたあと、さらに水洗いする。

②食べやすい大きさに切り、変色を防ぐために、すぐに水に浸けておく。

③調味液をつくる。

④鍋に調味液とゴボウを入れ、弱火で加熱し、13分間煮る（煮るとゴボウの甘味が出る）。

⑤調味液が熱いうちにゴボウと一緒にポリ袋に入れ、袋の口をくるくる巻きながら空気を追い出し密閉する。

⑥冷めたところで冷蔵庫に移し保存する。

歯切れをさらによくするには？

ゴボウの歯切れをさらによくしたい場合は、最初に3%塩水を50～60℃に加温した中にゴボウを入れ、引き上げて水に20分浸けて脱塩してから、上記の方法でつくればよい。

きのこ

エリンギ

●特徴

加温塩水漬にすれば、短時間でエリンギの歯切れや味を生かした漬物ができる。

エリンギは、フライ、味噌汁、炒め物などの食べ方が一般的である。ここで紹介する調味液中で2分間煮沸する方法は、エリンギの旨味を引き出し、おそらく一番エリンギをおいしく食べる方法ではなかろうかと、ひそかに自負している。

●賞味期限

調味液に漬けて3日後から食べられる。製造直後からポリ袋に密閉さ

●調味液の配合表

エリンギの醤油漬

エリンギ100gに対して

水	50㎖
醤油	15㎖
塩みりん	15㎖
新みりん	10㎖
食酢	10㎖
唐辛子（一味）	0.03g
	100.03
▶エリンギ	**100g**
▶食塩濃度	**約1.5%**

＊オクラと同様に，ガラムマサラを0.5%添加するとおつな風味がある。

れていれば、冷蔵庫で3か月間は保存が可能である。

●つくり方

①エリンギを水洗いし、食べやすい大きさに切る。

②配合表のなかから食酢だけを除いた材料を合わせて、調味液をつくる。

③鍋に調味液とエリンギを入れ、攪拌しながら2分間煮沸する。

③2分したら加熱を止め、すぐに配合表にある分量の食酢を加える。

④熱いうちに、エリンギと調味液をポリ袋に入れ、ポリ袋の口をくるくると巻いて空気を追い出し密閉する。

⑤ポリ袋が冷めてから冷蔵庫へ入れる。

応用編

各種カット野菜の浅漬

50～60℃加温

●特徴

製造が簡単で、さまざまな野菜の味が楽しめる。

●賞味期限

調味液に漬けて3日後から食べられる。製造直後に密封し、ポリ袋を開封しなければ、冷蔵庫で1か月間は保存可能である。

●つくり方

①ダイコン、ニンジン、キュウリ、ゴボウ（包丁の背で

●調味液の配合表

カット野菜の醤油漬

85℃達温（沸騰寸前）冷却

加温処理したカット野菜 100gに対して

醤油	18 ml
塩みりん	10 ml
赤味噌	7 g
砂糖	15 g
唐辛子	0.03 g
	50.03

カット野菜のキムチ味

カット野菜重量の8%の砂糖をまぶした後、ハクサイキムチと同じタレ（P29）をカット野菜重量の1/4入れる。

▶加温処理カット野菜……100g

▶食塩濃度……約2.8%

皮をこすり取り、水に浸けておく）を食べやすい大きさに切り、すべて一緒にネット（百円ショップなどで手に入る）に入れる。

②鍋にカット野菜の合計重量の5～6倍の3％塩水をつくる。

③塩水を加温する。

④57℃に加温したところで、ネットごとカット野菜を入れると55℃以下になる。50℃くらいまで下がったら再び弱火で加温して、50～54℃を保ちながら、10分間野菜を塩水に浸ける。

⑤醤油漬の場合は、鍋から出した野菜をネットごと10分間水で冷やしながら脱塩する。

⑥野菜をネットから出して計量し、調味液を調合したら沸騰させる。冷まして、冷蔵庫で冷やしておく。

⑦処理したカット野菜と冷やした調味液をポリ袋に入れる。

⑧ポリ袋の口をくるくると巻いて空気を追い出し、密閉してから冷蔵庫に保存する。

各種カット野菜の古漬

❶50～60℃加温➡❷70～80℃加熱

●**特徴**

製造が簡単で、これまでの加温塩水漬の技術を応用することで可能となるものであり、長期間さまざまな野菜の味が楽しめる。

●**賞味期限**

●**調味液の配合表**

カット野菜の醤油漬

85℃達温（沸騰寸前）

加温処理したカット野菜 100g に対して

醤油	18㎖
塩みりん	10㎖
赤味噌	7g
砂糖	15g
唐辛子	0.03g
	50.03

▶**処理カット野菜**…………**100g**

▶**食塩濃度**………………**約2.8％**

カット野菜のキムチ味

カット野菜重量の8％の砂糖をまぶした後、ハクサイキムチと同じタレ（P29）をカット野菜重量の1/4入れる。

▶**食塩濃度**………………**約3％**

調味液に漬けて3日後から食べられる。製造直後に密封し、ポリ袋を開封しなければ、冷蔵庫で3か月間は保存可能である。

●つくり方

①ダイコン、ニンジン、キュウリ、ゴボウ（包丁の背で皮をこすり取り、水に浸けておく）を食べやすい大きさに切る。
②3袋のネット（百円ショップなどで手に入る）を用意し、ダイコンとキュウリで1袋、ニンジンだけで1袋、ゴボウで1袋という具合に、野菜を3袋に分けて入れる。
③鍋にカット野菜を合計した重量の5〜6倍の3％塩水をつくる。

◆1回目加温

④塩水を加温する。
⑤62℃にまで加温したところで、3袋のカット野菜を入れると60℃以下になる。50℃くらいまで下がったら再び弱火で加温して、50〜60℃を保ちながら、20分間浸け続ける。
⑥20分たったらダイコンとキュウリの袋のみを取り出す。

◆2回目加熱

⑦引き続き同じ塩水を加熱して85℃まで加熱したら火を止め、ニンジンは5〜8分間、ゴボウは13分間80〜85℃を維持する。この間、80℃に近くなったら再び弱火で加熱して80〜85℃を維持すること。
⑧醤油漬の場合には、1回目の加温、2回目の加熱後、20分間水で冷却しながら脱塩する。
⑨野菜をそれぞれネットから取り出して計量し、調味液を配合表に従って調合し、85℃以上に加熱しておく。
⑩処理したカット野菜を、熱い調味液とともにポリ袋に入れる（醤油漬）。
⑪ポリ袋の口をくるくると巻いて空気を追い出し、密閉してから冷まして冷蔵庫に保存する。

第3章 原料となる野菜や調味料

加温塩水漬で使用する野菜と調味料について、より詳しく解説します。

漬物用の野菜品種

野菜は旬のもので、早取りではなく、しっかり成長したものがうまい。漬物には適性品種があり、これを知って漬物加工をすれば、よりいっそうおいしい漬物ができる。ここでは、本書で使っているキュウリ、ダイコン、ハクサイの野菜品種を紹介しよう。

キュウリ

現在のキュウリは、形はよいが硬く、白い粉の付かないブルームレス系が主体である。だが、本来は歯切れを重視する刻み用は「四葉《すうよう》」、味を重視する一本の醤油漬（一本漬）は「常磐《ときわ》」系が適している。

ダイコン

青首ダイコンは、新漬・浅漬ダイコンを除いて漬物には適さないため、古漬のたくあん漬が主であった昭和の時代は、ダイコンのほとんどが白系ダイコンであった。

しかし、平成の時代に入ると、高齢者が多くなった農家では、根の浅い青首ダイコンのほうが抜きやすいため、白系ダイコンの栽培は少なくなった。青首ダイコンの品種としては「耐病総太り大根」、干したくあん漬は「耐病干し理想大根」が使われる。

なお、白系ダイコンは秋（冬）ダイコン、青首ダイコンは春ダイコンと称したが、近年は市場において白系ダイコンは少なく、季節性を示す名称はなくなった。

ハクサイ

白菜漬用のハクサイは「新理想」、「筑波錦」の2品種から、病気に強く、葉の青と内部の白、中心の黄芯の3色が鮮明で、味が良いことから「黄ごころ」へと変わってきた。

調味料など

塩

加温塩水漬に使用する塩は何でもよく（10ページ参照）、コストの低い塩で十分だ。一般的な銘柄の食塩（濃度99%）を使用する。

もちろん通常の漬物の場合は、加温塩水漬とは異なる。自然塩（赤穂の天塩、海の精など）は野菜と相性が良く、味や肉質が良くなる。精製塩はニガリが少なく、歯切れ（ペクチン酸カルシウムなど）ができないため、漬物には適さない。

食塩濃度と%表示

醤油の塩分は、W／V%表示（Wはweightで重量、Vはvolumeで容量）の17・5%であるが、漬物はW／W%であるため、これをW／W%にすると、次の表の通りかなり低くなる。本書では、調味液の配合表に漬物の食塩濃度（W／W％）を示したが、これは左の計算式で求めた。

一般にパーセントの表示は、100g中のgの重量％（W／W％）であるが、業界によって異なる。上の表のように醤油においては、W／V％とW／W％の表示では2％も異なるし、アルコールの場合（20℃）、容量100mℓ（V／V％）は、重量（W／W％）では78・9gとなり、2割以上異なる。

漬物は、塩で漬けるときは原料に対しての％をいうが、塩漬以降（下漬け以降）は、100g中のgの重量％（W／W％）で示す。例えばウメの漬込時の塩度16％は、ウメ100gに対して塩16gを使用するが、重量％（W／W％）の表示では13・8％となる。

表　容量と重量

	w/v%	比重	w/w%
こいくち醤油	17.5	1.15	15.2
白醤油	17.9	1.18	15.2
味噌			12
新みりん	1%以下		
塩みりん	約2.2%		

注）w：weight 重量，v：volume 容量

食塩濃度の計算式

$$\frac{\left(\text{使用した食塩が野菜へ浸透した量}\right)\text{g} + \left(\text{醤油の塩分＋味噌の塩分＋新みりん＋塩みりんの塩分}\right)\text{g}}{(\text{原料})\text{g} + (\text{調味液})\text{g}} \times 100$$

（少数第２位を切捨て）

醤油

種類には、たまり、さいしこみ、こいくち、うすくち（こいくちより食塩含量が高い。甘酒1～2割添加、TN1・15g／dℓ以上）、白（小麦より大豆の割合が少ない。TN0・4～0・7g／dℓ）があり、JAS規格の特級、上級、標準があるが、市販品の多くは特級である。TNは全窒素を示し、この数値に5・71を掛けるとタンパク質、ペプチド、アミノ酸の含量となり、うま味成分の目安となる。これらの醤油は成分、風味、コストがかなり異なり、甘味料同様にさまざまな漬物製造に使い分けがある。本書ではこいくちを使用している。

甘味料

砂糖（黒糖、三温糖、上白糖、グラニュー糖）、液糖と、ステビア、甘草、スクラロース、アセスルファムカリウム、アスパルテームなどがある。これらは、さまざまな漬物製造に使い分けられている。本書では、漬物によって甘みだけでなく風味をプラスしたい場合に、甘味料ではないが、新みりんを使用している。

味噌

赤、白がある。漬物で色を白くしたい場合は白味噌を使用するが、一般的には味成分が多い赤味噌を使用する。漬物には熟成した味噌が適するため、返品になった味噌のほうがよい場合がある。独特の色香味がある名古屋の八丁味噌（赤だし）は、色が濃いひなびた漬物にしたい場合に効果がある。

みりん（本みりん、新みりん、塩みりん）

新みりん（アルコール1％以下）は、調味料を配合して製造したもので、発酵した本みりんとは異なるものである。

塩みりんは、アルコール飲料（清酒、ワインなど）に塩を加えて飲めなくしたもので（不可飲処置）、酒税がかからない調味料である。スーパーマーケットなどでは「料理酒」などの名で販売されている。

本みりんは、米、麹、アルコールで熟成した酒類である（アルコール13・5〜14・5％）。通常は調味料として使用するが、本来は酒である。

本書では、本みりんは高コストであるため、味の面から塩みりん、甘みの面から新みりんを使用している。新みりんと本みりんを間違わないよう注意。新みりんではなく、本みりんを使用すると、アルコール含量が高くなり、味のバランスを崩して苦くなってしまう。

酸味料

本書では食酢（酢酸4・2％）を使用している。すし酢（酢酸3・52％、昆布だし）は、食酢より高コストであるが、塩8％（W／V％）、砂糖のほか、昆布だしが入っているため、食酢より風味がよくなる。そのほかクエン酸などを含む梅酢、レモン酢、ポッカレモンなどを併用すると、食酢の単用よりも、特徴ある風味が生まれる。

冷蔵庫内の温度

漬物を保存する温度だが、氷温（凍る寸前の温度-2～-3℃）であれば1年と長期に品質が保たれる。かつ、酵素が働いて、低分子の糖、アミノ酸ができ、それが細胞内へ浸透しておいしくなる。0～5℃では、密閉されていれば低温に強いカビ（正しくは産膜酵母）の生育が抑えられ、同時にほかの微生物の生育も抑えられて長期に保存可能である。5～10℃では、かなりの微生物の生育を抑えられるが、この温度帯で生育する微生物があり、長期には保存できない。

本書では、設備費を要する氷温貯蔵は、一般的でないため記述していない。微生物の働きを抑えたい場合は0～5℃とし、温度を表示していない場合はスーパーマーケットの冷蔵ケースと同じ10℃を意味する。

●著者略歴

大島貞雄

（おおしま　さだお）

1941年群馬県生まれ。1964年東京農業大学を卒業後、同年埼玉県醸造試験場（現・埼玉県産業技術総合センター北部研究所）に勤務。生物工学部長で退職後、2001年から大島ピックルスコンサルタントを自営した。埼玉県漬物協同組合顧問、数社の埼玉県漬物企業顧問の傍ら、企業による特許「加温塩水漬」にもとづく漬物工場の立ち上げを技術面から支援した。

どんな野菜もすぐにおいしく

わが家の漬物革命

台所でできる特許製法「加温塩水漬」のすすめ

2014年3月20日　第1刷発行

著　者　大島貞雄

発行所　一般社団法人　農山漁村文化協会
〒107-8668　東京都港区赤坂7丁目6-1
電　話　03(3585)1141（営業）　03(3585)1147（編集）
FAX　03(3585)3668
振　替　00120-3-144478
URL　http://www.ruralnet.or.jp/

ISBN978-4-540-13135-6

DTP制作／髙坂デザイン
印刷・製本／凸版印刷（株）
定価はカバーに表示
乱丁・落丁本はお取り替えいたします。